BÚSQUEDA

ANDRY CRISTOFIDU ANTONIADU

BÚSQUEDA

Traducción
JOSÉ ANTONIO MORENO JURADO

EL ÁRBOL DE LA LUZ
65
ΤΟ ΦΩΤΟΔΕΝΤΡΟ

Padilla Libros Editorial y Librería
Sevilla 2024

C O L E C C I Ó N
P O É T I C A
D E   A U T O R E S   G R I E G O S
C O N T E M P O R Á N E O S
E L   Á R B O L   D E   L A   L U Z
Τ Ο   Φ Ω Τ Ο Δ Ε Ν Τ Ρ Ο
N.º 65

Título original: *Αναζήτηση*

© de los poemas: ANDRY CRISTOFIDU ANTONIADU

© de la traducción: JOSÉ ANTONIO MORENO JURADO

© de la presente edición: PADILLA LIBROS

ISBN: 978-84-8434-806-1

D. Legal: SE 2603-2024

1.ª impresión, noviembre de 2024

PADILLA LIBROS EDITORES Y LIBREROS
C/ Trajano n.º 18
41002 Sevilla (España)
editorial@padillalibros.com

BÚSQUEDA

No me busques en los postigos
herméticamente cerrados,
en la luna menguante
que me empuja con tristeza,
en los mediodías del verano
que hacen que el asfalto se disuelva,
en las puestas de sol
rosas, encantadas,
entre las hojas
que mueren de amor.

Me volví lluvia para regar
el desierto que te ha salvado.
Me volví lágrima y me llevas
en tus ojos,
descanso de angustia.
Me volví melodía
para que me hagas nacer
en cierto momento de creación.

No me busques en imágenes antiguas
con mitos o cuentos,
en sueños de cera
que se disuelven por presiones,
en el catálogo de tus amores perdidos.
Injustamente.
Búscame en tu corazón,
allí me encontrarás.

SENSIBILIDAD

Coexistencia de sensibilidad,
empatía
de versos y música.

Táctica indisciplinada
de amor presionadísimo.
Negras estalactitas
de vida helada.
Nos ahogamos a la vez
en el limbo del erotismo
y de la soledad.

Cuando te tiendo la mano
te retiras, víctima de conciliación.
Cuando me tiendes la mano
te doy víctima de amor.

Y coexistimos, tú, yo,
tu propia sensibilidad,
mi propia sensibilidad,

marionetas colgadas
en el hilo de seda del amor.

Cuando se corta entonces ¿qué sucede?
¿Moriremos o viviremos
como amantes de la sensibilidad?

POESÍA

Poesía es amor
   tus ojos
   una flor
   un sonido del piano.

Poesía es el sol amarillo
   el salitre del mar
   el verde de los árboles
   un rayo de esperanza.

Poesía es una sonrisa
   una buena conversación
   un contacto humano
   un apoyo amistoso.

Poesía es el derecho de la expresión
   la lucha contra la opresión
   la dignidad
   el autorrespeto.

Poesía es todas las palabras juntas
y cada una por separado
el tacto del amor
y la pasión del cariño.

Poesía es tus manos que me tocan
el latido de tu corazón por mí
tu alma que se ata con la mía
la vida que he dado.

QUIZÁS

Bajo un cielo privado de estrellas
me pierdo en tu mirada
que es como castaña grabada
en el abismo de mi alma.

Y esta noche, noche de agosto,
me busco y busco
cada rincón de mi alma.
Quizás las ramas puedan desenredarse.
Me busco y busco
y no sé y encuentro de pronto
espigas amarillas y versos.
Sonidos olvidados y lejanos
en las trenzas de mi cerebro
se vierten despacio,
arroyos entre barrancos
con plantas y espinas.

Y me reorganizo
y decido dejar

que la luz de los astros se ría de mí
y se deslice bajo la oscura hendidura.
Quizás suceda algo...

PENSAMIENTOS 1

Deshojé un jazmín
—en vez de una margarita—
y encontré
bajo sus hojas
tus ojos.

PENSAMIENTOS 2

Quisiera escribir
sobre ciertas noches
en que el sueño no quiere
cerrarme las pestañas.
Cuando la oscuridad
con la luz
las encuentran juntas
y coexisten
y se arreglan
y hablan.

PENSAMIENTOS 3

Un montón de sucesos
se amontonaron
y rostros,
y lágrimas,
y amigos,
y despedidas.
Temí la tinta.
No quise
registrar
mis pensamientos.

LAS PEONIAS

Nómadas, los sonidos
de la nostalgia asimétrica se deslizaron
del diente de elefante blanco y negro
y llenaron de amarillas amapolas
tus cabellos.
Desgraciados tus movimientos
en el ajedrez del recuerdo.

Las peonias
se comportaron como gitanos:
bailaron, vagabundearon,
daban vueltas,
saltaron alrededor de las llamas encendidas,
encendieron otras tantas.
Vistieron cintas abigarradas,
te arrastraban con ellos
en la embriaguez del alba
que nacía en la barca podrida.

Juego perdido.

CASIDA DEL JAZMÍN

El jazmín
no olía así, al azar,
hundido en la cueva marina
olía a tus ojos.

El jazmín
no olía todas la noches del verano.
Había veces que lamentaba
tu ausencia
atado a la corona ensangrentada
en el menguante de la naturaleza interminable
entre sombras
de un resplandor errante.

El jazmín
olía sólo por ti
cuando se ató
a música de los incas,
vieja historia.

Cuando me lo tendiste para olerlo
me perdí en tus ojos.

PERTURBACIÓN

Círculos de tristeza de medianoche,
compañía agujereada
en las mesitas,
claveles muertos en la pista,
sacrificio de relajamiento.
En la sonrisa
de un rostro amado apareces.
Y me bailas y te bailo
y nos abandonamos bailando
al ritmo del recuerdo.

Sombras de reptiles errantes
durante un verano entero
me persiguen.
Y te encuentro y me encuentras
y abrazamos al encontrarnos
los hilos de una felicidad
que dejamos ahogarse en la arena.

ASTROS

Un bordado a mano
es esta noche el cielo.
Astros.
Mil astros.
Pequeños, más grandes,
luminosos, más sombríos.
Astros.
Miles de astros.
Señales de vida.
Astros que tú ves también
en el extremo contrario del Mediterráneo.
Astros que nos unen
por más que la tierra nos separe.
El cielo de encaje
con agujas luminosas.
Astros.
Astros eternos.
Señales de esperanza.

ESPERA

Espero.
Cuento las lunas.
Cuento los soles.
Espero.
Aprieto las manos,
aprieto los labios.
Espero.
A ti.

SUICIDIO

La serpiente se movía desocupada
sobre un tablero rojo y negro.

Sus peones servían de acrobacias.
Holgazaneaba de una esquina a otra
al ritmo de la música que sonaba
en el gramófono desvencijado,
cuando las notas encontraban
el polvo que vagaba
en la atmósfera
y bailaban abrazadas.

Ninguna disposición a mordiscos
y actos venenosos.
Tenía día libre.

Holgazaneaba aún
cuando cambió la música.
Las notas entraron por detrás
en el gramófono apresuradamente.

El polvo se abandonó a su soledad.
La serpiente se acurrucó cerca de la reina
sobre un cuadrado rojo
y envolvió la cola
alrededor de su cuello.
Asfixiantemente. Muy asfixiantemente.
Se volvió un ovillo sin cola.

No resistió sentirte
dentro de la música.

LA MÚSICA

La música insospechada
se ató como grano de acero
a una forma enloquecedora,
novia loca da vueltas en las playas,
me busca para ahogar mi respiración
en mi menor
sin sostenidos y en absoluto semitonos.

La música se vertió
en el río del deseo
con inquieta respiración
y con ritmo vivace
buscando en cada guijarro
el verano que se perdió en el fondo
para revivir con molto moto.

La música da vueltas a mi cuerpo
apenas consigue que la clave de sol
se deslice,
salvadora, dulce,

sin arpège sobrante
y me lleva
a escalas molto dolce
y me ata insospechada
al grano de acero
con forma enloquecedora
y me baila pianissimo,
novia loca,
en el extremo del abismo
con tristeza y soledad
en cada nota.

Y

Y la lluvia lloraba.
Una luz lejana brillaba en los árboles.
Y la tierra se lamentaba.
Una flor muerta cerraba los corazones.

Sin verte
te buscan mis ojos
y encuentran el verde de las hojas.
Sin tocarte
mis manos te sienten
y encuentran el calor de la noche.

Y el aire cubre mi voz.

Las palabras se pierden en el viento.
Los recuerdos caen al río.
Las sombras se ahogan en el mar.
Las esperanzas vuelan al cielo.

Y la lluvia no detiene su llanto.

PASIÓN

Estaba siempre llena de pasión.
No temí nunca
ni al amor
ni a la alegría
ni a las penas
ni siquiera a las malevolencias.

Viví.
Cada segundo de respiración.
Porque al alba de la vida
también conocí la muerte.
Y le escupí a la cara.
No hay tiempo que perder.

VAGABUNDEO

Suprimí mi vida
en las boîtes
bebiendo martinis,
cantando al sonido de la guitarra,
fumando cigarrillos,
esperando al amor
que no llegaba,
buscando tus ojos
que estaban tan lejos.
Era el vagabundeo de la juventud,
de una vida sin sentido,
llena de planes irrealizables.
Estabas tú
que me faltabas tanto.

ESPERABA

Esperaba tus ojos esta noche.
Me senté.
Bebí.
Canté.
Esperaba.

Llegó la luna, media también.
Brilló.
Se detuvo.
Resplandeció.
Llegó.

Dio la medianoche, noche perdida.
Bailaron.
Se emborracharon.
Sintieron.
Llamaron.

Me fui con una losa en el corazón.
Con pena.
Con pesar.
Con amargura.
Me fui.

RECUERDO

Sandalia rosa
del recuerdo me puse
y la enterré
en el sonido monótono
de la soledad,
sin cantos lúgubres,
sin ropas de luto,
sin una lagrima siquiera.
Ahora existo en semitonos.

PAJA Y TIERRA

Icónicos sujetos
—o mejor objetos—
han destrozado mi vida
los últimos meses
y me absorben la energía.

Mezcla de paja y tierra,
estos seres antropomorfos
envenenan mi cuerpo
gota a gota.

Debe encontrarse el antídoto
para detener el veneno
que corre en mis venas.

La venganza es un rasgo
de hombres inferiores
con sentimientos brutos y desgraciados.

Resistiré.
Nunca he inclinado la cabeza.

SOL Y MAR

La rueda del carro da vueltas y vueltas,
el Rey Sol sube
escalón a escalón a las nubes
y se queda tonteando un rato
con los microscópicos humanos
de gigantes zozobras
que se mueven en el asfalto,
polvoriento, ardiendo.
Se detuvo sorprendido,
hermoso, pletórico.
Mi frente arde al mediodía.
El Rey se ha sentado en su trono
esparciendo el calor en sus súbditos.
A su alrededor, ruidos de la ciudad
se mezclan con los gorjeos de las gaviotas
que la han hecho reposar sobre algunas rocas
entre las olas
frente a la Iglesia católica.
Y el Sol con el Mar
han empezado una fina conversación, se
    cuentan sus cosas,
allí cerca de los muelles.

CONCIERTO EN CURIO

Cuando se enredaron los sonidos,
espigas amarillentas,
sitiadores sin piedad
de la luna interminable
sobre las antiguas ruinas,
te recogí trozo a trozo
de entre las palabras
que resonaron anfiteatrales.

Te estrujaste entre las piedras
que transportaron
tus antepasados, mis antepasados,
pasivo —¿o activo?— aceptador
del comercio de la música,
semidiós por los aplausos.

Y te busco en las grietas sin sonido
en el pletórico paisaje de cultura antigua,
y me asustan los megáfonos
y los amplificadores que encuentro

entre tus propios dioses,
entre mis propios dioses.

Y te encuentro buscándote.
Y te pierdo encontrándote.

No te turbes.
Los dioses no despertaron aún.

UN EXTRAÑO HALLAZGO

Extraño hallazgo hoy el amor.
Muy extraño.
El amor se derritió en el ruido de la ciudad
como si fuera nieve
que golpeó un fuerte rayo de sol.
Se disolvió en la contaminación
de la atmósfera electrificada.
Quedó abolido por ocupadísimo
mundo profesional de los hombres.
Extraño hallazgo hoy el amor.
Muy difícil de encontrar.
Cosméticos cubren los verdaderos
latidos del corazón.
Los hombres no tienen ya sentimientos.
Las mujeres ya no son fieles.
Los efebos crecen en los clubes.
Extraño hallazgo el amor hoy.
Casi irrealizable.

SUEÑOS

Proposiciones verbales
se delinearon aturdidamente
en un cielo manchado
de tinta.

Palabras conocidas por primera vez
anclaron al azar
en psicosferas cargadas
de reflejos.

Medida contraria
de minutos veraniegos
sonará en el toque
de la campana.

Los sueños se tropezaron
en una actividad sísmica
inesperada.

ESPERANZA

La esperanza
apareció de nuevo
enmascarada
fuera de época.
Me cargó
un fardo insostenible.
Trepó por las cenizas
del olvido
que sufrían
por desaparecer
en el cansancio
de la monotonía.
Me cargó
la esperanza.
Y me recordó
que existo.

Lo había olvidado.

COMO NUBE

Imágenes de cera
inundaron los horizontes
entre oxímoron
de amor y abandono,
en el baile de rimas
y sonidos.

Bailaron atadas a duendes
en el cataclismo del viento.

Y camino sola
como nube.

VULNERABLE

Y después en los laberintos
de mi mente como ramitas
se convierten y vacilan
pensamientos lógicos e ilógicos
y se filtran en los canales del cerebro
para encontrar su camino
junto con el sol.

Esta mañana de domingo bañada de sol
en la que el mar me hace señas amistosamente,
me pierdo en la atmósfera de la primavera
en el corazón del invierno
y me siento vulnerable ante todos y ante todo.

LABERINTOS

Es clara tu disposición
a que rompas con el sol
aunque digas que la lluvia te inspira.

Complicados laberintos
te envolvieron regalándote
brillantes botines de abandono.

El recuerdo, cortina de gasa rosa,
te canta nanas con versos de cariño
y música de amor.

Los exorcismos trabajaron como catalizador,
me fajaron en un baile circular
sin principio, sin fin.

PASAJERA

Me sorprendí
cuando a mis dieciséis años,
pasajera en un barco,
esperaba en vano
llegar al punto del horizonte
que veía de niña
desde el gran muelle.

Al punto del horizonte
no llegas jamás,
ni al sueño.

LUNA LLENA

Amarilla la luna llena,
enteramente redonda,
como queso,
se enredó con las estrellas y las nubes
y se perdió.
Se desorientó.
Perdió su marcha
—ninguna brújula en parte alguna—
Se acercó a la Pléyade
y se abismó al vacío
la luna llena,
la amarilla.

PENSAMIENTOS PÉTREOS

Pensamientos fechados se oyeron a
    escondidas
vertiendo veneno incesante.
Lo consiguieran o no,
aparecerá en la necropsia del alma.
Secos, amarillos, estrechos,
una vida será,
destruyéndose en la incapacidad
de creación.
Lástima, cólera, me dañan
por los pensamientos pétreos:
les tengo pena por la oscuridad
que los infecta.

Si nunca llega la luz
es que la tierra habrá girado ya
muchas veces
alrededor de su eje.
Lástima.

RESIDUOS

Icónicos sujetos
desfilaron ayer
en la pantalla de tres dimensiones.
Gafas especiales eran imprescindibles
para distinguir
sus verdaderas formas
en la bruma de sus pensamientos.

En el envasado de dos en uno
estaba enmascarada la envidia
bajo palabras pomposas y conceptos necios
pero las gafas de tres dimensiones
atravesaban la ropa oscura
que vestía.

Debo tener cuidado.
Me ahogué en los residuos de la literatura.

EUROPA

Recuerdos dulces y amargos
emergen sobre vagabundeo
por los barrios de hortensias de Londres,
por las callejuelas del Barrio Latino de París,
por la arena de corridas de toros en Jaca en
    España,
y se mezclan con los muelles del punto de
    partida.

PABLO PICASSO

El pensamiento del Guernica
te perseguía siempre
aunque querías escapar
así como Neruda
en el verso.
El café no suaviza el dolor,
sencillamente se burla de él
aunque sea bajo un árbol
entre los geranios poéticos de Vicenta Lorca
        Romero.
La luna se perdió
entre los negros cabellos sueltos de Nora.
Aquí no es Málaga.
Quizás se parece un poco.
La noche es la misma por doquier.
Consuelo también es esto.

PAUL GAUGUIN

No busques, Paul,
en las costas de Martinica o Tahití
hermosuras y cosas semejantes.
Es en vano.
A nuestro mar en Limasol
lo besan grises guijarros
y un sol amarillo
que se refleja en anuncios sin alma
y cuerpos animados.

Aquí se adaptaría tu naranja ardiente,
color a tierra,
conjunción del verde en la talla de madera.
Se mezclaría con la puesta de sol
y harían juegos
en la paleta de los colores.
No lo discutas en absoluto,
el Mediterráneo se adapta a ti muchísimo.
Tiene más pasión.

EDGAR DEGAS

Con sombrero parisino de época
—blanco de la curiosidad—
mezclaste las manos con los amantes del
    Mediterráneo
en el golfo de Limasol
donde los altos edificios
se parecen a limones amarillos,
donde el cielo azul
se mezcla con el azul del mar
y coexiste.

Has escapado de las líneas irreprochables de
    las bailarinas,
de las imágenes del baile en la Ópera,
de los puentes del Sena
para encontrarte bajo un sol que derrite las
    piedras.

HENRI MATISSE

Junto al tronco blanquecino del árbol,
antes de la invasión de la tierra firme por el
    mar,
aquí, en el barrio de Enaerios,
la odalisca amarilla
posa para el bronceado
ante un biombo de la vergüenza
que oculta la realidad desnuda.
Sin embargo, nadie puede escapar.
Basta ya de estas negras líneas gruesas.
En Limasol bajo los árboles
el amor tiene una cita
con desnudos y vestidos.
No tiene importancia.
Me gustan mucho las sombras.
Cubren humildes bichos.

ÉDOUARD MANET

Ya no hay salas con obras que han sido
    rechazadas.
Eso se detuvo hace tiempo.
Los hombres han dejado de atreverse.
Vivimos en la sociedad de la tolerancia y de la
    individualidad.
La Comida en la Hierba puede
entrar en cualquier salón,
sin ningún problema,
excepto el de los colores.
Basta con que los colores
se avengan a la tapicería.
Veo que tu Olimpia
posa en la playa de Olimpia
en una cama de plástico,
desnuda y extraña
no esperando a Godot
sino a su café.
Quizás quiera aún holgazanear en el muelle.
La mezcla de las culturas es inevitable.

Entonces es cuando el mar
se arruga irritado,
se traga el afecto que siente,
se deja arrastrar por la playa
lo más lejos que puede
y se relaja entre las espumas.

LA LUNA INESTABLE

La luna tiene la culpa.
Martiriza al mar.
Hasta llenarse
lo castiga con caprichos.
Le promete
hacerlo más hermoso
con su resplandor
y él se adorna
y se tiende tranquilo
con conchas, caracoles marinos,
y sus estrellas de mar
en la playa sobre los guijarros
para mostrar su hermosura.

Pero la luna, inestable como es,
que se llena y empequeñece cada mes
hace juegos con él, se burla de él.
  Es entonces cuando el mar
barre irritado,
traga la atracción que siente,

se arrastra desde la playa
lo más lejos que puede
y se afloja en las espumas.

HUIDA

A veces quiero huir
a una playa solitaria
en donde no exista nadie.
Hablaré sólo con las olas.
Escucharé el ruido del mar
Y me meceré.
Dormiré sobre la arena y
cuando los rayos del sol
abran mis pestañas,
me saciaré de la belleza de la naturaleza.

EL MÚSICO DE LA CALLE

En un lugar de Londres,
noche lluviosa de verano,
en una esquina de la calle,
con los ojos cerrados,
un músico de mediana edad
golpeaba las teclas amarillentas
del viejo acordeón
que se abría y cerraba como fuelle.

Su voz con pasión
cantaba un gran dolor
en una lengua que yo no conocía.

Quizás el recuerdo
lo llevaba a su pueblo
por medio de la melodía.
Quizás atravesara montañas y llanuras
en la Europa oriental.
Quizás sus versos hablaran otra vez
de una antigua amada.

Quizás volviera a sentir
la caricia de la madre.

No servía a arte alguna
en un lugar de Londres
en una esquina de la calle.

Ni se ensombrecía por las monedas de los
        transeúntes
en su gorra puesta en el suelo
en el sucio asfalto
en un lugar de Londres,
en una esquina de la calle.
Su alma coloreaba la canción.

Todo era nostalgia del regreso.

CHIPRE DEL VOLCÁN

Y mientras el húmedo roquedal
se enfría al viajar en el aire,
sus granos de gotas
de lava disuelta o medio disuelta
caen al suelo
y forman protuberancias
cuando un trozo enorme
se despega del fondo
del mar que se ha vuelto rojo
como preanunciaba la sangre
que la nueva tierra aceptaría
en los años que habían de seguir.

Montañas y llanuras se formaron,
levantaron sus lomos
y expulsaron la ceniza
de la explosión volcánica
que los ocultaba.
Quizás así expulsarían
siglos después a los conquistadores.

Querían vivir.

Vegetación y árboles
como verdes zafiros
se amarraron a las espumas del mar
que bañaba la isla
que salió de sus entrañas.

Puntas de lanzas mataron a sus hombres,
conquistas y pérdidas apuntaron a su corazón
y mientras la luna caía del cielo
sobre las capas de la memoria y el olvido,
de pronto todo brilló
y nació la vida
entre las olas de espuma.

APOLO HILATES

Y me pierdo
en los tentáculos
de dulces sueños
que estrangulan
amargas intrigas.
Y me ahogo
en las alas
de mariposas negras
que me regalaron
seda de plata.
Y me oculto
en los agujeros
de árboles amados de la playa
que me ofrecieron
una pena de arena.

Y me sorprendo
por el resplandor del mar,
por el calor invernal,
por las formas que veo

emerger del agua,
por todos esos antiguos dioses
que me rodean bailando
para expulsar la tristeza.

Y me cautiva
su alegría
y me conquista
así inesperadamente, Apolo
con su divina soledad,
con la dulzura de su sensibilidad.

Y juro
fiel sacerdotisa en el altar del amor,
en el templo de Apolo Hilates.

LUSIGNAN

La fuerte luz del sol recordaba a Chipre
y convenía a Lusignan.
Me gusta buscar.
Pensaba que debería remover las cenizas.
Sin embargo todo estaba allí.

Ricardo Corazón de León, los Templarios
y Guido de Lusignan comprando la isla
por cien mil monedas de oro.
¡Regateos de reyes! Transacciones.
Dieciocho los reyes de Lusignan.
Trescientos años provocaron
la sensibilidad de Dante y de Chaucer.
Audaz, el rey Pierre Primero no teme
amar a Arodafnusa de Julu.

El palacio de los Lusignan no está en pie.
Pero camino por las ruinas de la fortaleza que
    defendía la ciudad.

El lugar de los reyes lo ha cogido la nereida
    Melusina
que se transformaba en serpiente los sábados
y construía las torres de la región.
Pero los lusinianos me aceptaron como allegada
que vino de visita desde lejos.

La calle más importante de Lusignan
se llama calle de Chipre.

FONDO

No busques tu nueva Ítaca,
emigrante vestido de harapos,
ni puertos por primera vez conocidos
con aromas de azahar
y con aire de esperanza.
Nunca llegarás allí,
nunca saldrás a Pilos.
Ningún Néstor te espera,
ni palacio, ni choza.
Y si algunos te prometieron riqueza y buena
    vida,
te engañaron sencillamente.
Querían darte ahogamiento
y le pusieron ropas con abundante oro.

No busques, entonces, tu nueva Ítaca.
Poseidón, irritado, furioso por lo injusto,
la trasladó al fondo del mar.
Los lestrigones se volvieron traficantes de
    esclavos,

los Cíclopes, tiburones que te arrancan la
     carne.
Ninguna Circe te seducirá.
Ninguna Calipso se ocupará de ti.

Escila absorberá el barco podrido
y Caribdis lo escupirá deshecho
sobre el tridente de Poseidón.
Tu cadáver se enganchará
entre las rocas puntiagudas y, si nunca se
     encuentra,
lo adornarán siempre corales y conchas,
También eso es un consuelo.

Quizás allí, en el fondo del Mediterráneo,
encuentres la belleza que buscabas en tu nueva
     Ítaca.
Caso perdido, así y de otro modo.

MARINA LUNA LLENA

Entre un aroma de salitre,
la luna, redonda como un queso,
comenzó a emerger
por el punto del horizonte.

Olas tranquilas
formaban montecitos puntiagudos
en forma de serpentina
en la superficie del mar,
mientras la luna llena ascendía
despacio al oscuro color del cielo,
que se parecía a una cortina.

Una fuerte luz amarilla y plateada
arrojaba la luna llena sobre el mar
formando una alfombra de agua
en la que brillaban colores fríos.

Estrellas fugaces que escindían el cielo como
      balas

rodearon de pronto
a la luna de agosto
y comenzaron a caer como lluvia.

Ardientes órbitas crearon
las Perseidas alrededor de la luna
y danzaban ante ella abiertamente.

La marina luna llena se sintió arder
por la hermosura de las Perseidas.
Mareada, bajó al sendero del agua
para apagar su deseo.

Vieja historia, de miles de años.

MUERTE DE LA ARAUCARIA

La araucaria, viva durante siete décadas,
con verdes ramas largas y estrechas,
que los niños del barrio recogían,
muere por la escasez de agua
en el edificio lleno de belleza de la biblioteca
abandonado por el tiempo y las autoridades.

Ni siquiera una gota de agua.
La mató la sed.
Fue condenada a pena de muerte.
Ninguna piedad, ningún interés.
La convirtieron en un alto poste de madera
de ramas secas, color café,
encarcelada en varas de acero de armadura.

La araucaria que creció junto a los habitantes
    de alrededor,
enraizada en la verdad de los años que
    pasaron,
ha dejado de ser una fuente latiente,

ya no es testigo de pasiones secretas,
ni de diferentes clases sociales
a las que el viejo muro de piedra no dejaba que
     se acercaran.

Sin aliento ya, sólo queda su fantasma.
Es sabido además que los árboles mueren de
     pie.

NOCHE SANTA

Esta noche nace un niño.
No tiene importancia si nace
en los Alpes, en los Pirineos,
en Israel o en Bélgica.
Es un niño diferente.
Es el que entrará
en los barrios flotantes de Ámsterdam,
en las casas señoriales en Kolonaki,
en las casas bajas de Nápoles,
en las mansiones de Montecarlo.
Es el niño que acompañará
a los niños que piden limosna
en las calles de París
y en las afueras de las iglesias en Toledo.
Es el niño que dormirá
con los sintecho bajo los puentes
del Támesis y del Sena
entre los hangares subterráneos,
sobre los bancos helados de los parques.

Es el niño que se sienta
en los pupitres de Limasol,
que combate por lo suyo y por la paz.
Esta noche nace un niño.
Es el niño que traerá la esperanza.

NAVIDAD

Cuando bajas a la Andalucía de los gitanos
donde el pequeño Cristo
nació seguramente en las cuevas de Granada
sobre la colina del Albaicín,
cerca de la Alhambra,
escucharás la nana de la Virgen
cuando duerme a su niño en la cuna.
Y en las calles de Sevilla
Carmen, bailando,
riega con pétalos de rosas
el río Guadalquivir,
para llevar un regalo al pequeño Cristo.
Nardos y jazmines de los patios de Córdoba
se amontonan en la cuna
para acostar al recién nacido, para perfumarlo.
Y las montañas de Sierra Nevada,
nevadas siempre,
resuenan con sonidos de ritmo flamenco
y dulces salmodias de las iglesias.

ÍNDICE

ÍNDICE